Impressum
Verlag: BABADADA GmbH, Nedderfeld 112 , 22529 Hamburg
Geschäftsführer / Verlagsleitung: Harald Hof
Druck: Books on Demand GmbH, In de Tarpen 42, 22848 Norderstedt

Imprint
Publisher: BABADADA GmbH, Nedderfeld 112 , 22529 Hamburg, Germany
Managing Director / Publishing direction: Harald Hof
Print: Books on Demand GmbH, In de Tarpen 42, 22848 Norderstedt

school
l'école

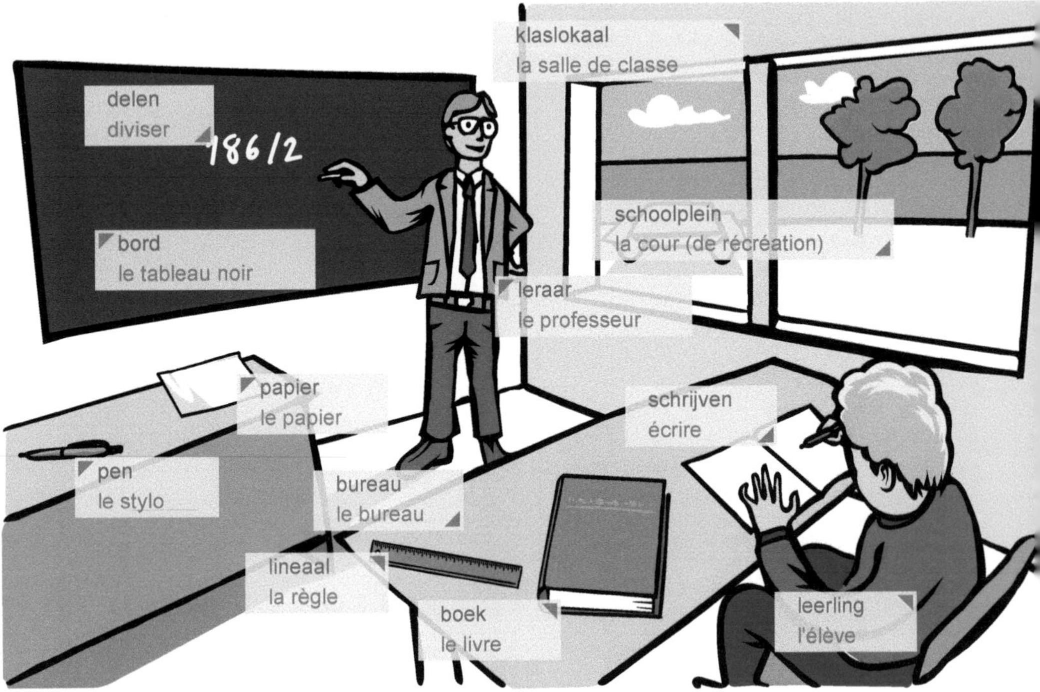

klaslokaal
la salle de classe
delen
diviser
186/2
bord
le tableau noir
schoolplein
la cour (de récréation)
leraar
le professeur
papier
le papier
schrijven
écrire
pen
le stylo
bureau
le bureau
lineaal
la règle
boek
le livre
leerling
l'élève

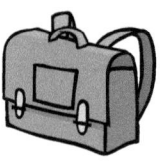

schooltas

le cartable

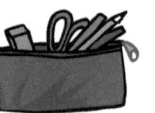

etui

la trousse

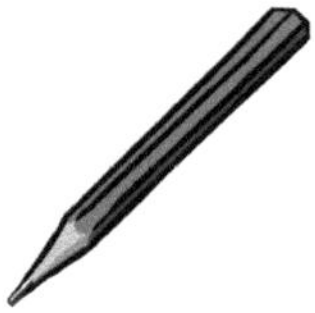

potlood

le crayon

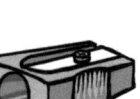

puntenslijper

le taille-crayon

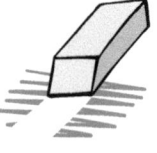

gum

la gomme

schetsblok

le carnet à dessin

tekening

le dessin

penseel

le pinceau

verfdoos

la boîte de peinture

schaar

les ciseaux

lijm

la colle

schrift

le cahier d'exercices

huiswerk

les devoirs

getal

le chiffre

optellen

additionner

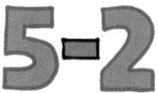

aftrekken

soustraire

vermenigvuldigen

multiplier

rekenen

calculer

letter

la lettre

alfabet

l'alphabet

woord

le mot

tekst

le texte

lezen

lire

krijt

la craie

les

la leçon

klassenboek

le livre de classe

examen

l'examen

diploma

le certificat

schooluniform

l'uniforme scolaire

opleiding

la formation

encyclopedie

le lexique

universiteit

l'université

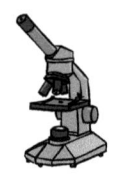

microscoop

le microscope

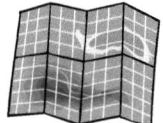

kaart

la carte

prullenmand

la corbeille à papier

reis

le voyage

Grand
hotel
l'hôtel
hostel
l'auberge
ROOMS
wisselkantoor
le bureau de change
CHANGE
koffer
la valise
auto
la voiture

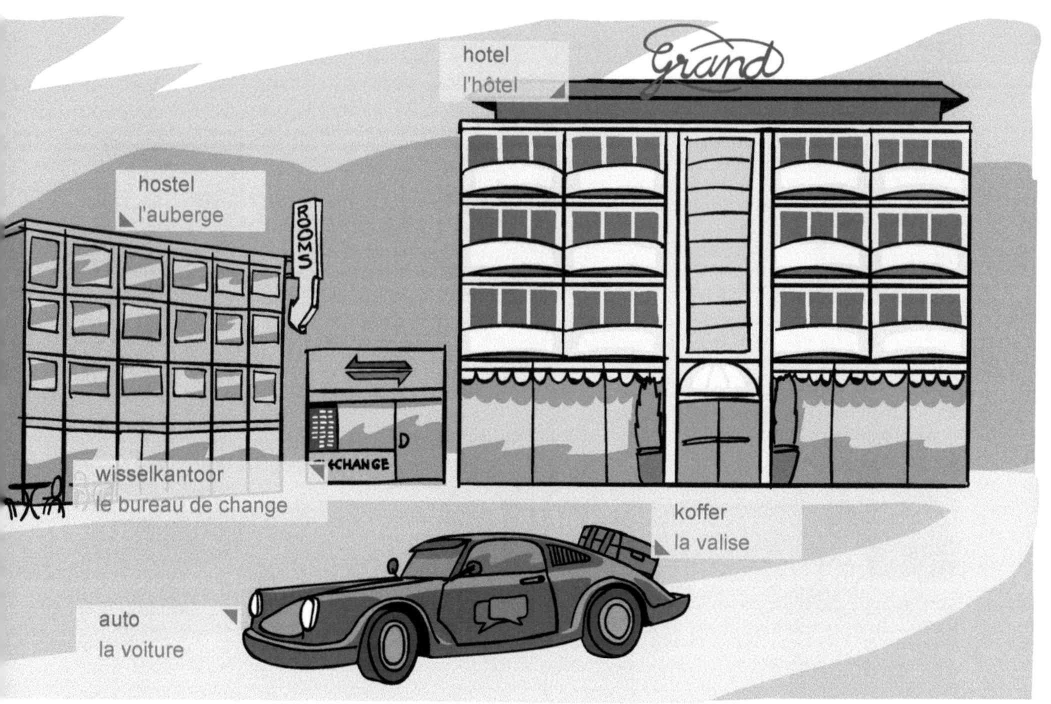

taal

la langue

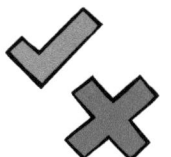

ja / nee

oui / non

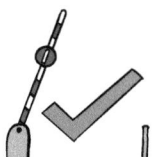

oké

d'accord

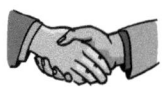

Hallo!

Salut

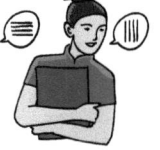

tolk

l'interprète

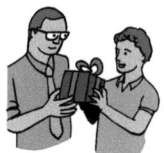

Bedankt.

merci

Wat kost ...?

Combien coûte...?

Ik begrijp het niet.

Je ne comprends pas

probleem

le problème

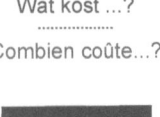

Goedenavond!

Bonsoir !

Goedemorgen!

Bonjour !

Goedenacht!

Bonne nuit !

Tot ziens!

Au revoir

richting

la direction

bagage

les bagages

tas

le sac

rugzak

le sac-à-dos

gast

l'hôte

kamer

la pièce

slaapzak

le sac de couchage

tent

la tente

VVV-kantoor

l'office de tourisme

strand

la plage

creditkaart

la carte de crédit

ontbijt

le petit-déjeuner

lunch

le déjeuner

diner

le dîner

kaartje

le billet

lift

l'ascenseur

postzegel

le timbre

grens

la frontière

douane

la douane

ambassade

l'ambassade

visum

le visa

paspoort

le passeport

transport

le transport

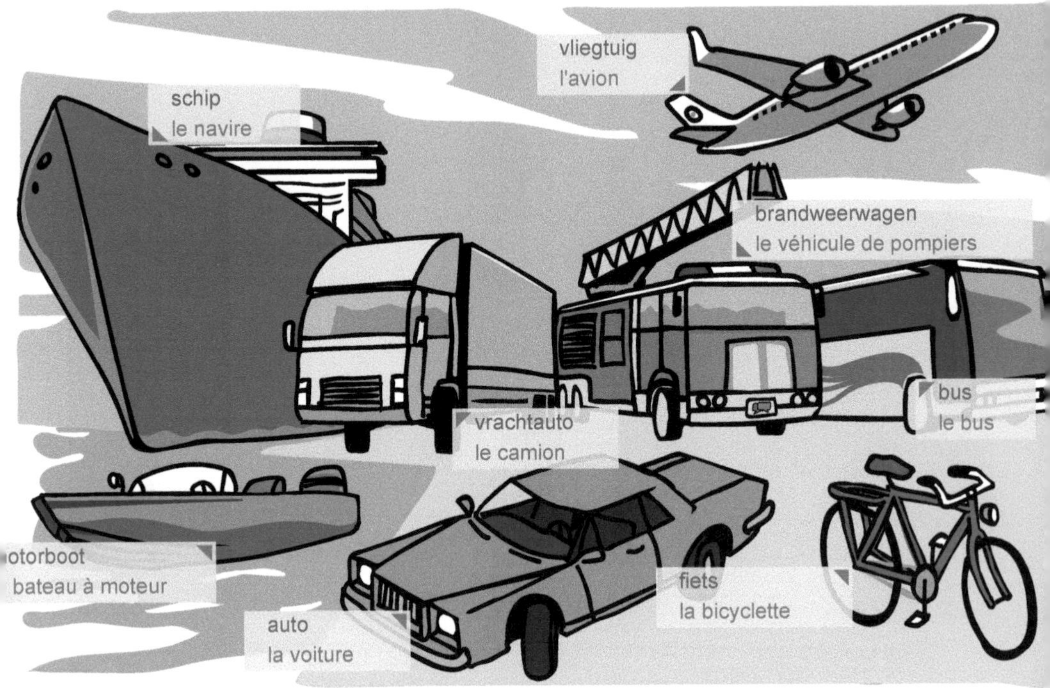
vliegtuig
l'avion
schip
le navire
brandweerwagen
le véhicule de pompiers
bus
le bus
vrachtauto
le camion
otorboot
bateau à moteur
fiets
la bicyclette
auto
la voiture

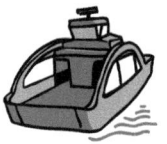

veerboot

le ferry

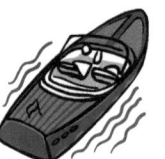

boot

la barque

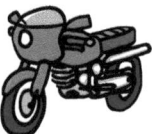

motorfiets

la moto

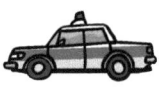

politiewagen

la voiture de police

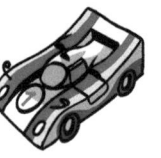

raceauto

la voiture de course

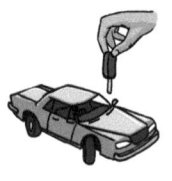

huurauto

la voiture de location

carsharing

l'auto-partage

takelwagen

la voiture de remorquage

vuilniswagen

la benne à ordures

motor

le moteur

benzine

l'essence

benzinepomp

la station d'essence

verkeersbord

le panneau indicateur

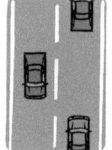

verkeer

le trafic

file

l'embouteillage

parkeerplaats

le parking

station

la gare

rails

les rails

trein

le train

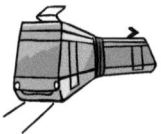

tram

le tramway

wagon

le wagon

helikopter

l'hélicoptère

luchthaven

l'aéroport

toren

la tour

passagier

le passager

container

le conteneur

verhuisdoos

le carton

kar

le chariot

mand

la corbeille

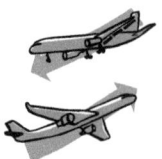

opstijgen / landen

décoller / atterrir

stad

la ville

dorp

le village

stadscentrum

le centre-ville

huis

la maison

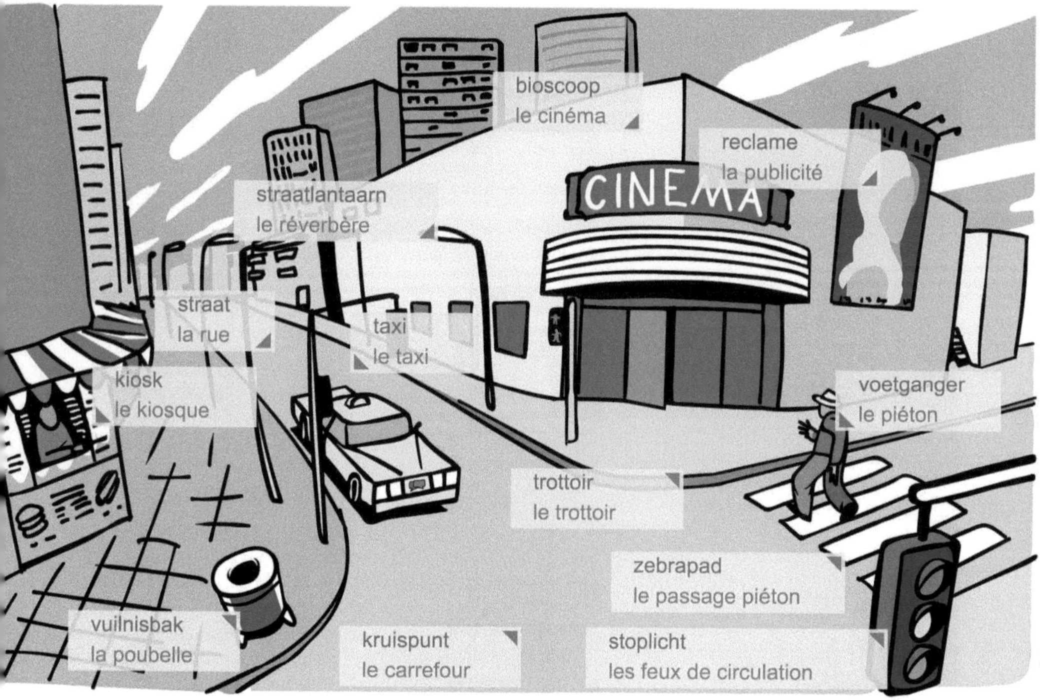

bioscoop
le cinéma

reclame
la publicité

straatlantaarn
le réverbère

straat
la rue

taxi
le taxi

kiosk
le kiosque

voetganger
le piéton

trottoir
le trottoir

zebrapad
le passage piéton

vuilnisbak
la poubelle

kruispunt
le carrefour

stoplicht
les feux de circulation

hut
....
la cabane

appartement
....
l'appartement

station
....
la gare

stadhuis
....
la mairie

museum
....
le musée

school
....
l'école

stad - la ville

11

universiteit

l'université

bank

la banque

ziekenhuis

l'hôpital

hotel

l'hôtel

apotheek

la pharmacie

kantoor

le bureau

boekenwinkel

la librairie

winkel

le magasin

bloemenwinkel

le fleuriste

supermarkt

le supermarché

markt

le marché

warenhuis

le grand magasin

visboer

la poissonnerie

winkelcentrum

le centre commercial

haven

le port

stad - la ville

park
le parc

bank
la banque

brug
le pont

trap
les escaliers

metro
le métro

tunnel
le tunnel

bushalte
l'arrêt de bus

bar
le bar

restaurant
le restaurant

brievenbus
la boîte à lettres

straatnaambord
le panneau indicateur

parkeermeter
le parcmètre

dierentuin
le zoo

zwembad
le réverbère

moskee
la mosquée

stad - la ville

boerderij

la ferme

vervuiling

la pollution

begraafplaats

la cimetière

kerk

l'église

speelplaats

l'aire de jeux

tempel

le temple

landschap

le paysage

blad
la feuille

wegwijzer
le panneau indicateur

weg
le chemin

weide
le pré

steen
la pierre

boom
l'arbre

wandelaar
le randonneur

rivier
la rivière

gras
l'herbe

bloem
la fleur

vallei

la vallée

berg

la montagne

meer

le lac

bos

la forêt

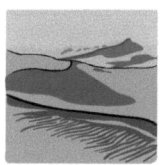

woestijn

le désert

vulkaan

le volcan

kasteel

le château

regenboog

l'arc-en-ciel

paddenstoel

le champignon

palmboom

le palmier

mug

le moustique

vlieg

la mouche

mier

les fourmis

bij

l'abeille

spin

l'araignée

landschap - le paysage

kever

le coléoptère

kikker

la grenouille

eekhoorn

l'écureuil

egel

le hérisson

haas

le lièvre

uil

la chouette

vogel

l'oiseau

zwaan

le cygne

wild zwijn

le sanglier

hert

le cerf

eland

l'élan

stuwdam

le barrage

windmolen

l'éolienne

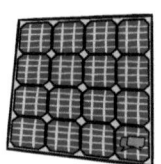

zonnepaneel

le panneau solaire

klimaat

le climat

restaurant
le restaurant

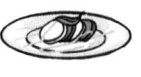

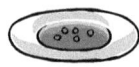

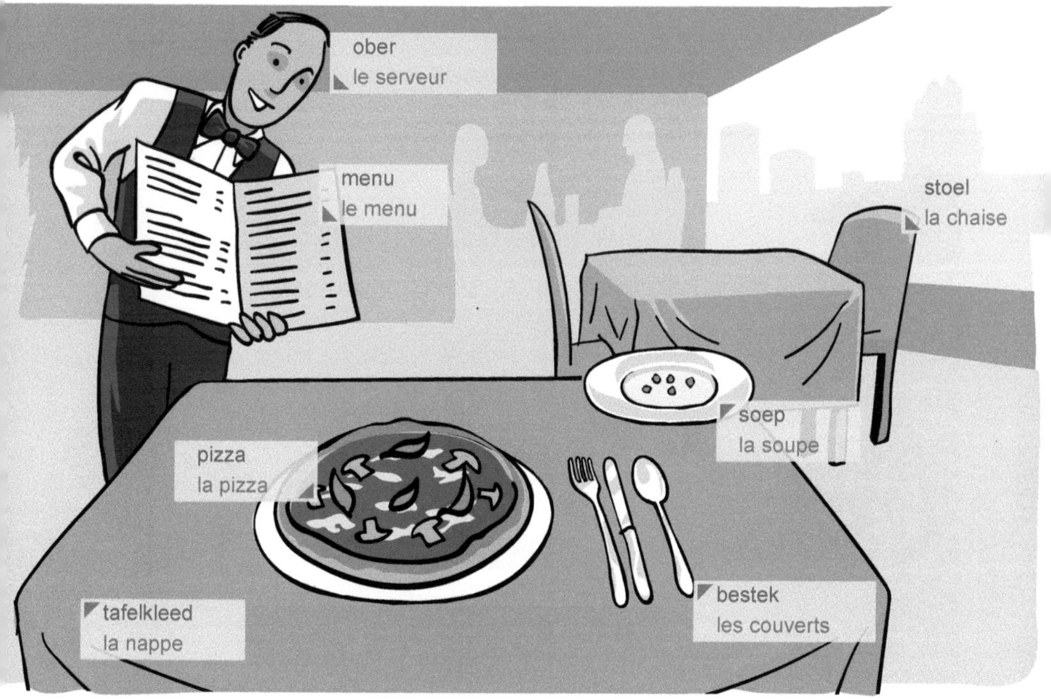

ober
le serveur
menu
le menu
stoel
la chaise
soep
la soupe
pizza
la pizza
bestek
les couverts
tafelkleed
la nappe

voorgerecht
....
les hors d'œuvre

hoofdgerecht
....
le plat principal

toetje
....
le dessert

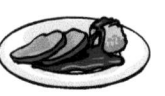

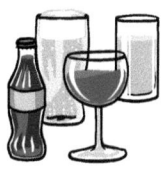

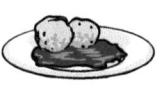

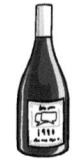

dranken
....
les boissons

eten
....
l'alimentation

fles
....
la bouteille

fastfood

le fast-food

eetkraampje

les plats à emporter

theepot

la théière

suikerpot

le sucrier

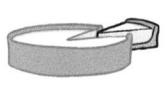

portie

la portion

espressomachine

la machine à expresso

kinderstoel

la chaise haute

rekening

la facture

dienblad

le plateau

mes

le couteau

vork

la fourchette

lepel

la cuillère

theelepel

la cuillère à thé

servet

la serviette

glas

le verre

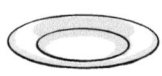

bord

l'assiette

soepbord

l'assiette à soupe

schotel

la soucoupe

saus

la sauce

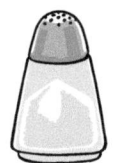

zoutvaatje

la salière

pepermolen

le moulin à poivre

azijn

le vinaigre

olie

l'huile

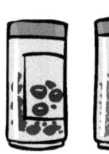

kruiden

les épices

ketchup

le ketchup

mosterd

la moutarde

mayonaise

la mayonnaise

supermarkt
le supermarché

aanbieding
l'offre promotionnelle
FOR
klant
le client
zuivelproducten
les produits laitiers
fruit
les fruits
winkelwagen
le chariot

BUTCHERS

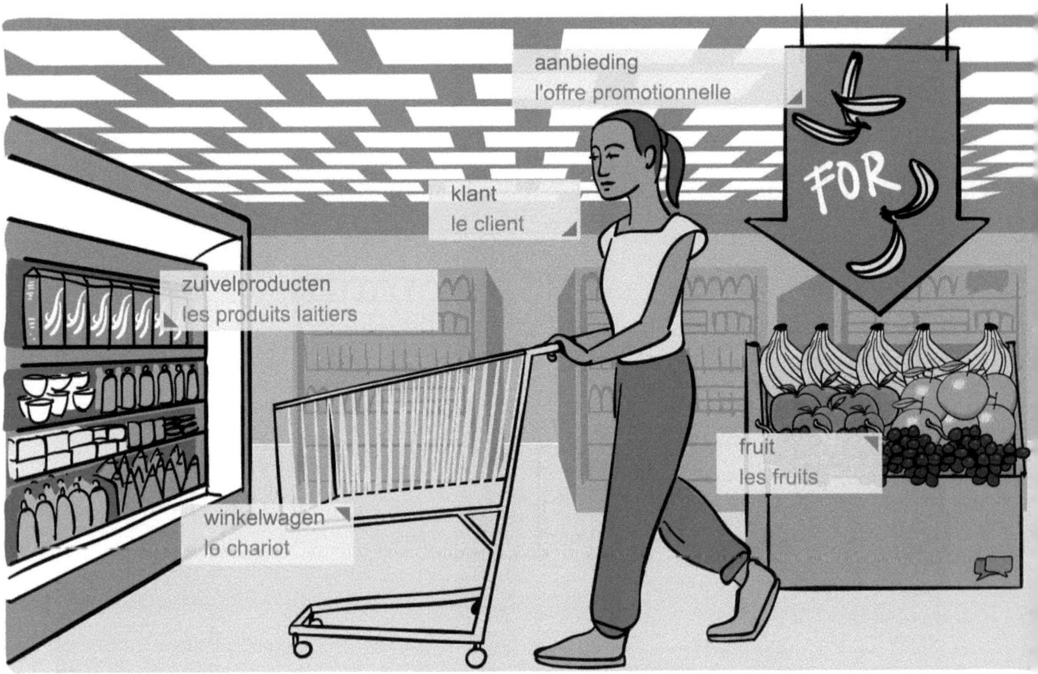

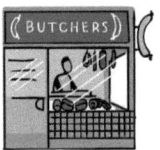

slager

la boucherie

BAKERY

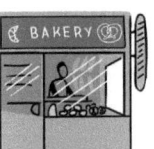

bakkerij

la boulangerie

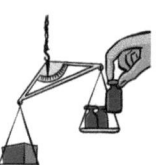

wegen

peser

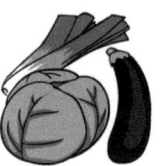

groente

les légumes

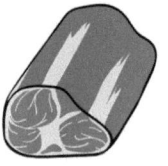

vlees

la viande

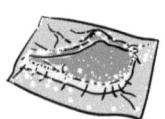

diepvriesproducten

les aliments surgelés

vleeswaren

la charcuterie

conserven

les conserves

wasmiddel

la poudre à lessive

snoepgoed

les bonbons

huishoudelijke artikelen

les articles ménagers

schoonmaakmiddel

les détergents

verkoopster

la vendeuse

kassa

la caisse

kassier

le caissier

boodschappenlijstje

la liste d'achats

openingstijden

les heures d'ouverture

portefeuille

le portefeuille

creditkaart

la carte de crédit

tas

le sac

plastic zak

le sac en plastique

water

l'eau

sap

le jus de fruit

melk

le lait

cola

le coca

wijn

le vin

bier

la bière

alcohol

l'alcool

chocolademelk

le chocolat chaud

thee

le thé

koffie

le café

espresso

l'expresso

cappuccino

le cappuccino

banaan

la banane

appel

la pomme

sinaasappel

l'orange

watermeloen

le melon

citroen

le citron.

wortel

la carotte

knoflook

l'ail

bamboe

le bambou

ui

l'oignon

paddenstoel

le champignon

noten

les noisettes

pasta

les pâtes

spaghetti

les spaghetti

rijst

le riz

salade

la salade

friet

les pommes frites

gebakken aardappelen

les pommes de terre rôties

pizza

la pizza

hamburger

le hamburger

sandwich

le sandwich

schnitzel

l'escalope

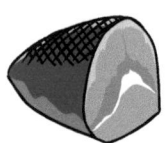

ham

le jambon

salami

le salami

worst

la saucisse

kip

le poulet

gebraad

le rôti

vis

le poisson

havermout

les flocons d'avoine

muesli

le muesli

cornflakes

les cornflakes

meel

la farine

croissant

le croissant

broodjes

les petits-pains

brood

le pain

toast

le pain grillé

koekjes

les biscuits

boter

le beurre

kwark

le fromage blanc

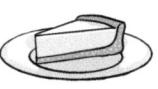

taart

le gâteau

ei

l'œuf

gebakken ei

l'œuf au plat

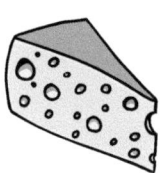

kaas

le fromage

ijs

la glace

suiker

le sucre

honing

le miel

jam

la confiture

chocoladepasta

la crème nougat

kerrie

le curry

boerderij
la ferme

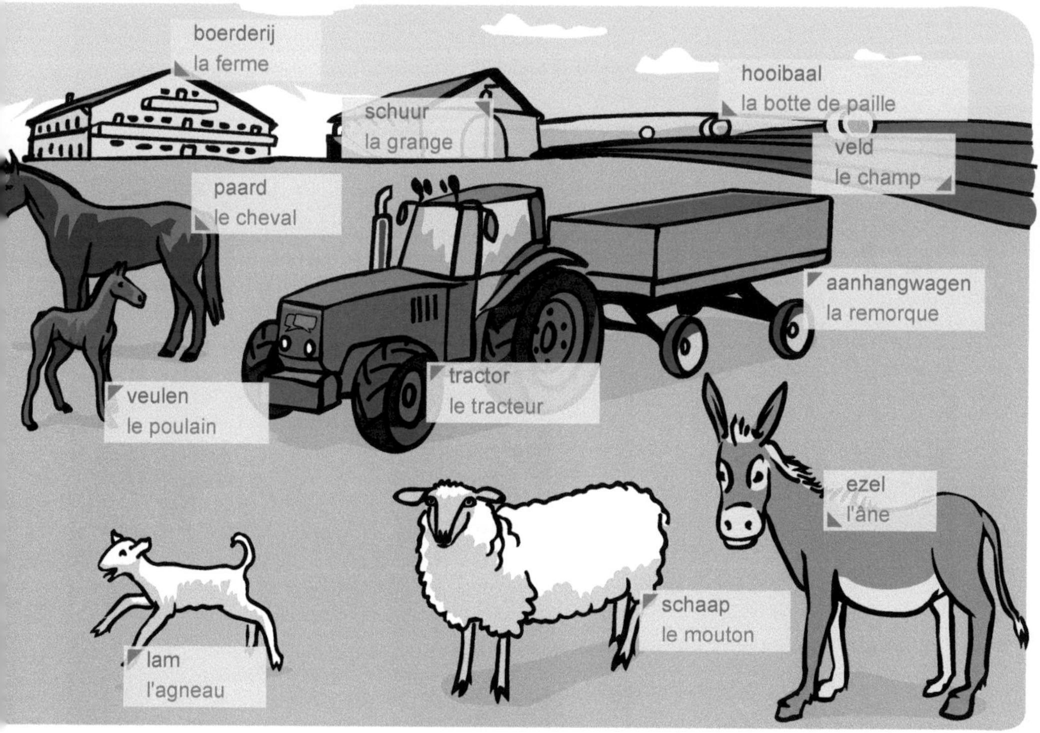
boerderij
la ferme
schuur
la grange
hooibaal
la botte de paille
veld
le champ
paard
le cheval
aanhangwagen
la remorque
veulen
le poulain
tractor
le tracteur
ezel
l'âne
schaap
le mouton
lam
l'agneau

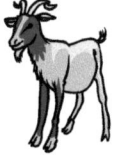

geit

la chèvre

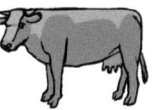

koe

la vache

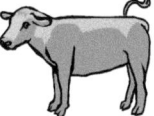

kalf

le veau

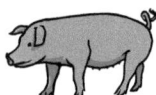

varken

le porc

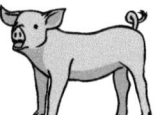

big

le porcelet

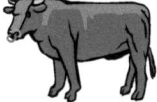

stier

le taureau

gans
l'oie

eend
le canard

kuiken
le poussin

kip
la poule

haan
le coq

rat
le rat

kat
le chat

muis
la souris

os
le bœuf

hond
le chien

hondenhok
le chenil

tuinslang
le tuyau de jardin

gieter
l'arrosoir

zeis
la faucheuse

ploeg
la charrue

sikkel

la faucille

schoffel

la pioche

hooivork

la fourche

bijl

la hache

kruiwagen

la brouette

trog

la cuve

melkbus

le pot à lait

zak

le sac

hek

la clôture

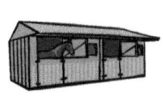

stal

l'étable

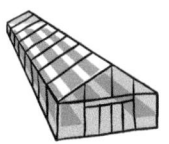

broeikas

le serre

grond

le sol

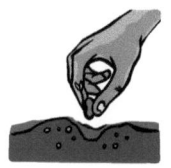

zaad

les semences

mest

l'engrais

maaidorser

la moissonneuse-batteuse

oogsten

récolter

oogst

la récolte

yam

l'igname

tarwe

le blé

soja

le soja

aardappel

la pomme de terre

maïs

le maïs

koolzaad

le colza

fruitboom

l'arbre fruitier

maniok

le manioc

granen

les céréales

huis

la maison

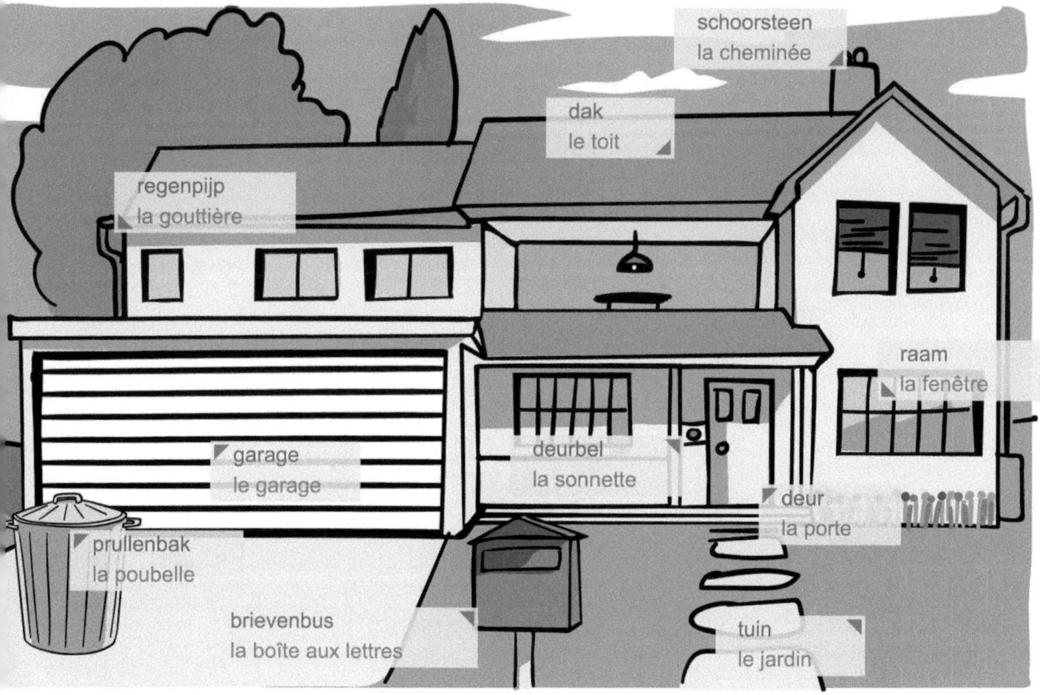
schoorsteen
la cheminée
dak
le toit
regenpijp
la gouttière
raam
la fenêtre
garage
le garage
deurbel
la sonnette
deur
la porte
prullenbak
la poubelle
brievenbus
la boîte aux lettres
tuin
le jardin

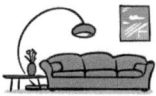

woonkamer

le salon

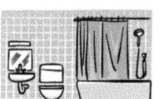

badkamer

la salle de bain

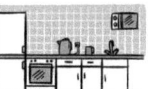

keuken

la cuisine

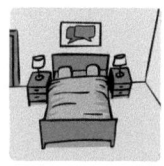

slaapkamer

la chambre à coucher

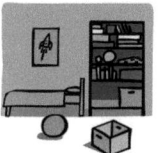

kinderkamer

la chambre d'enfant

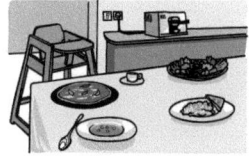

eetkamer

la salle à manger

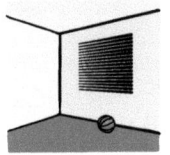

vloer
le sol

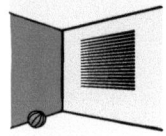

muur
le mur

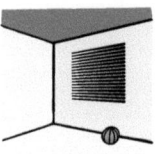

plafond
le plafond

kelder
la cave

sauna
le sauna

balkon
le balcon

terras
la terrasse

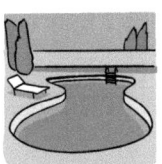

zwembad
la piscine

grasmaaier
la tondeuse à gazon

laken
la housse

bedsprei
la couette

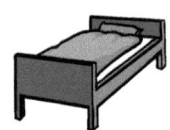

bed
le lit

bezem
le balai

emmer
le sceau

schakelaar
l'interrupteur

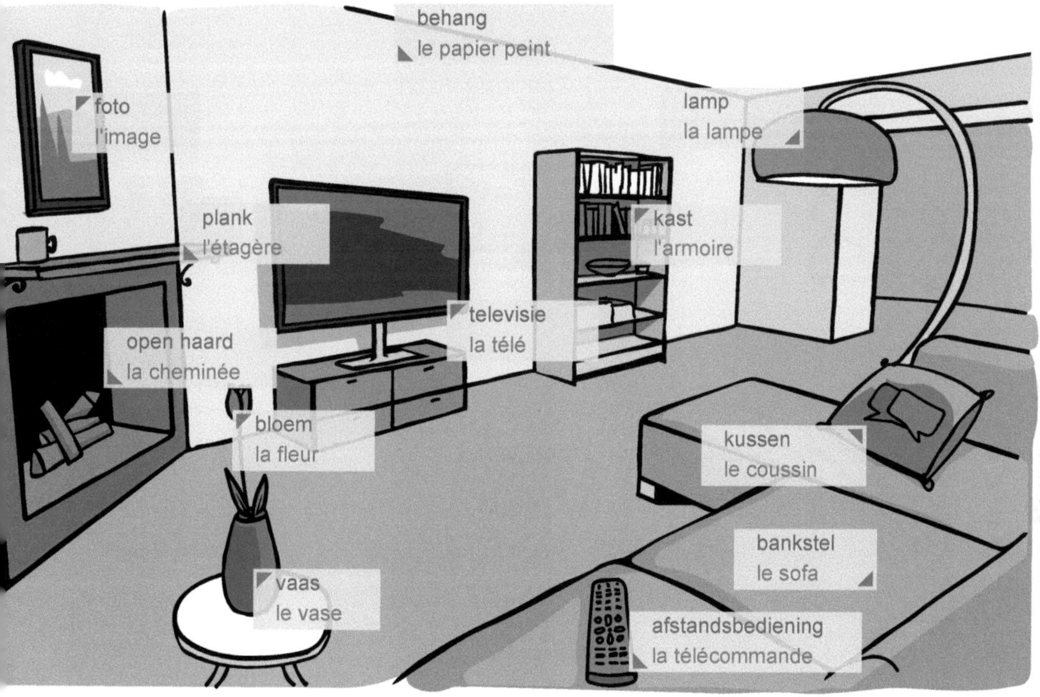

behang
le papier peint

foto
l'image

lamp
la lampe

plank
l'étagère

kast
l'armoire

televisie
la télé

open haard
la cheminée

bloem
la fleur

kussen
le coussin

bankstel
le sofa

vaas
le vase

afstandsbediening
la télécommande

tapijt

le tapis

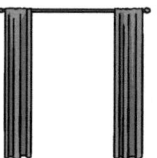

gordijn

le rideau

tafel

la table

stoel

la chaise

schommelstoel

la chaise à bascule

stoel

le fauteuil

boek
le livre

deken
la couverture

decoratie
la décoration

brandhout
le bois de chauffage

film
le film

stereo-installatie
la chaîne hi-fi

sleutel
la clé

krant
le journal

schilderij
la peinture

poster
le poster

radio
la radio

kladblok
le bloc-notes

stofzuiger
l'aspirateur

cactus
le cactus

kaars
la bougie

keuken
la cuisine

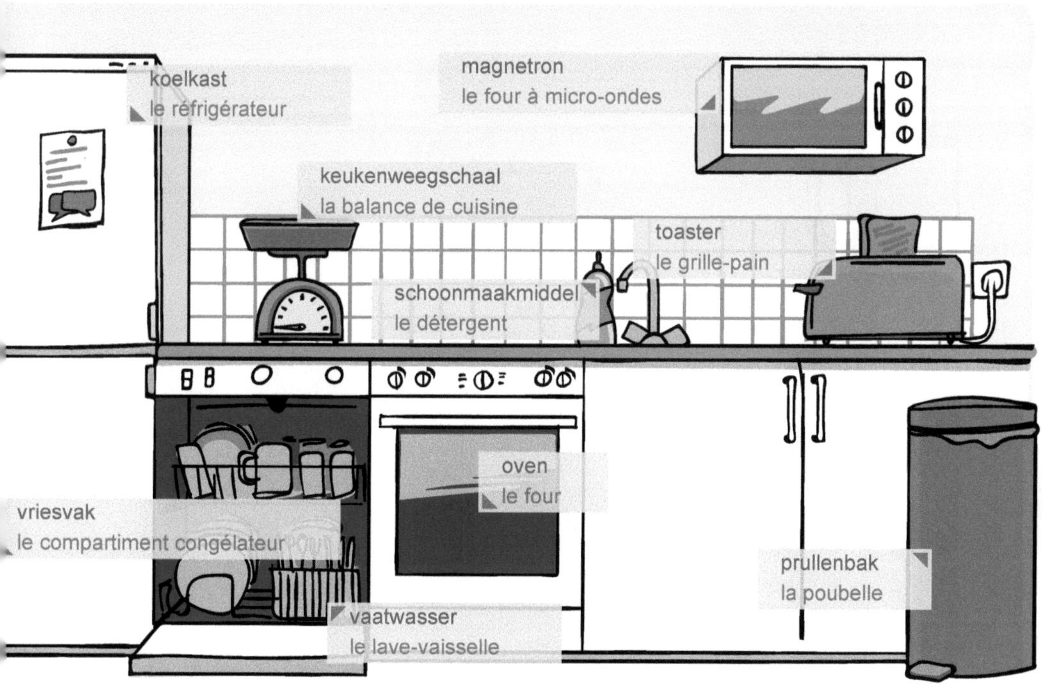

koelkast
le réfrigérateur
magnetron
le four à micro-ondes
keukenweegschaal
la balance de cuisine
toaster
le grille-pain
schoonmaakmiddel
le détergent
oven
le four
vriesvak
le compartiment congélateur
prullenbak
la poubelle
vaatwasser
le lave-vaisselle

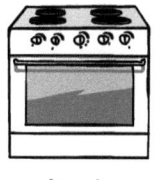

fornuis

le four

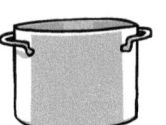

pan

la casserole

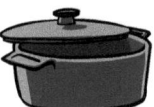

gietijzeren pan

la marmite

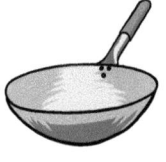

wok / kadai

le wok / kadai

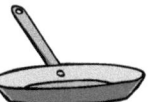

koekenpan

la poêle

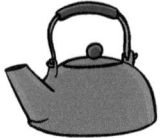

ketel

la bouilloire electrique

stoomkoker

le cuiseur vapeur

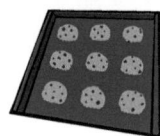

bakplaat

la plaque de cuisson

servies

la vaisselle

beker

le gobelet

kom

la coupe

eetstokjes

les baguettes

soeplepel

la louche

spatel

la spatule

garde

le fouet

vergiet

la passoire

zeef

le tamis

rasp

la râpe

vijzel

le mortier

barbecue

le barbecue

vuurhaard

la cheminée

snijplank
la planche à découper

deegroller
le rouleau à pâtisserie

kurkentrekker
le tire-bouchon

blik
la boîte

blikopener
l'ouvre-boîte

pannenlap
les maniques

wasbak
le lavabo

borstel
la brosse

spons
l'éponge

blender
le mixeur

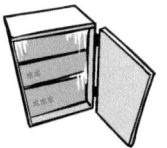

vriezer
le congélateur

babyflesje
le biberon

kraan
le robinet

badkamer
la salle de bain

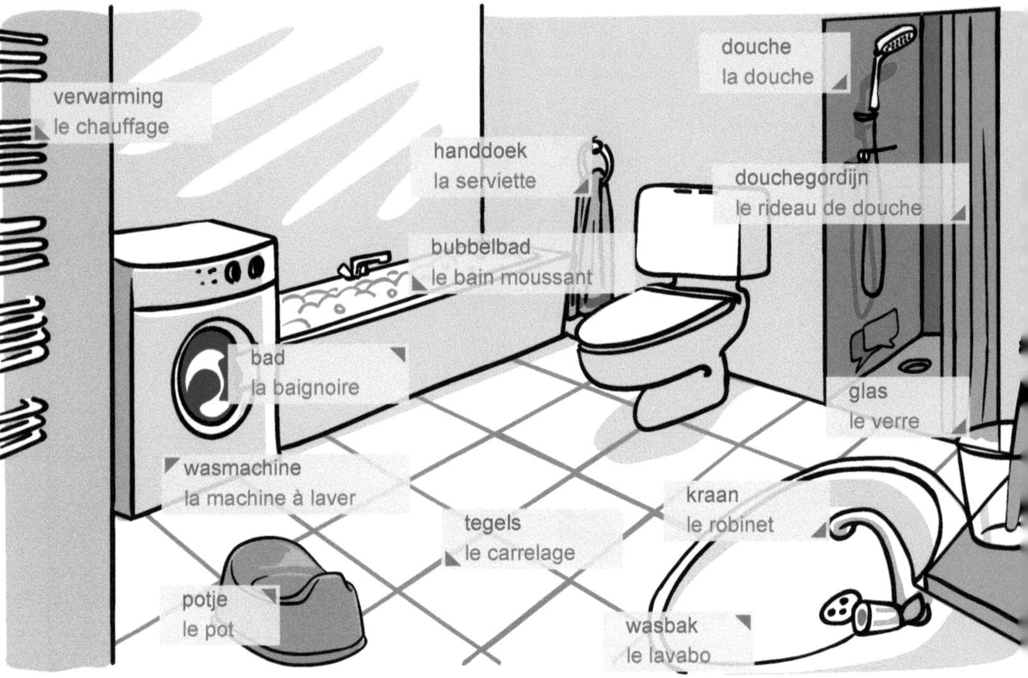
douche
la douche
verwarming
le chauffage
handdoek
la serviette
douchegordijn
le rideau de douche
bubbelbad
le bain moussant
bad
la baignoire
glas
le verre
wasmachine
la machine à laver
kraan
le robinet
tegels
le carrelage
potje
le pot
wasbak
le lavabo

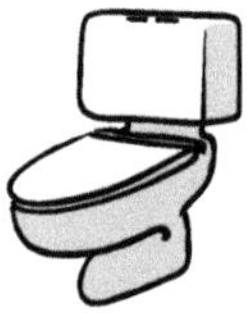

toilet

les toilettes

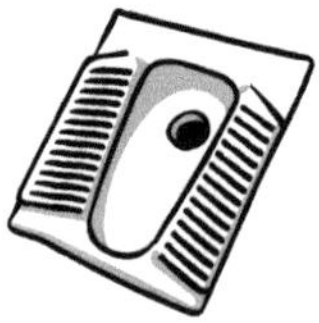

hurktoilet

la toilette à la turque

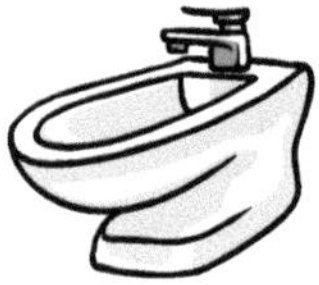

bidet

le bidet

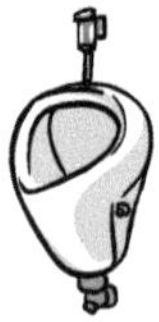

urinoir

l'urinoir

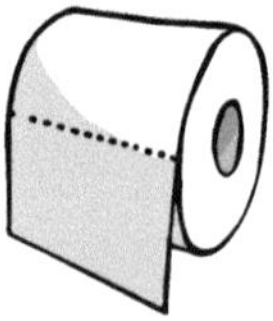

toiletpapier

le papier toilette

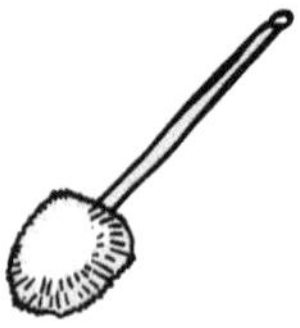

toiletborstel

la brosse à toilette

tandenborstel

la brosse à dents

tandpasta

le dentifrice

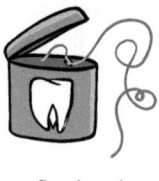

flosdraad

le fil dentaire

wassen

laver

handdouche

la douche manuelle

toiletdouche

la douche intime

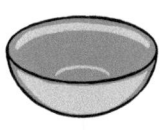

waskom

la vasque

rugborstel

la brosse dorsale

zeep

le savon

douchegel

le gel douche

shampoo

le shampooing

washanje

le gant de toilette

afvoer

l'écoulement

creme

la crème

deodorant

le déodorant

spiegel

le miroir

make-upspiegel

le miroir cosmétique

scheermes

le rasoir

scheerschuim

la mousse à raser

aftershave

l'après-rasage

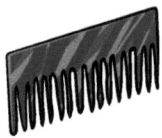

kam

la peigne

borstel

la brosse

haardroger

le sèche-cheveux

haarspray

la laque pour cheveux

make-up

le fond de teint

lippenstift

le rouge à lèvres

nagellak

le vernis à ongles

watten

l'ouate

nagelschaartje

le coupe-ongles

parfum

le parfum

toilettas

la trousse de toilette

kruk

le tabouret

weegschaal

le pèse-personne

badjas

le peignoir

rubber handschoenen

les gants de nettoyage

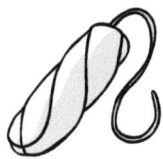

tampon

le tampon

maandverband

s serviettes hygiéniques

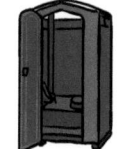

chemisch toilet

la toilette chimique

kinderkamer
la chambre d'enfant

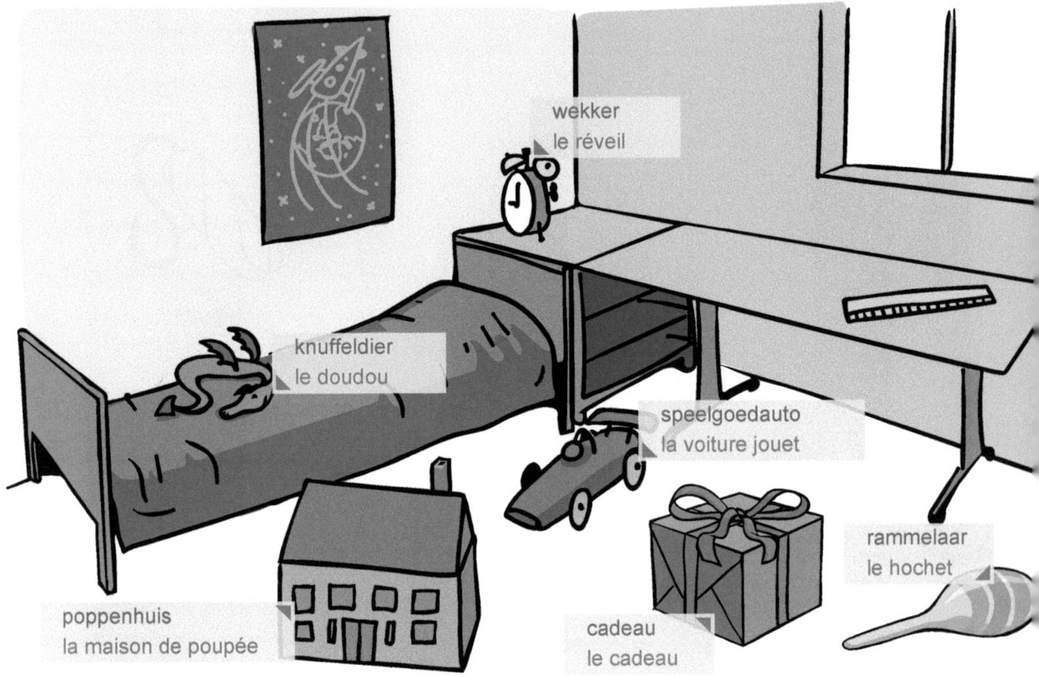
wekker
le réveil
knuffeldier
le doudou
speelgoedauto
la voiture jouet
rammelaar
le hochet
poppenhuis
la maison de poupée
cadeau
le cadeau

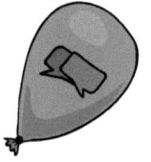

ballon
....
le ballon

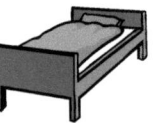

bed
....
le lit

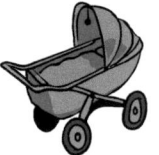

kinderwagen
....
la poussette

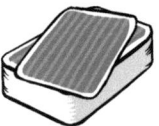

kaartspel
....
le jeu de cartes

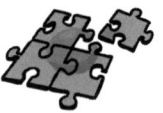

puzzel
....
le puzzle

SUPER
MEGA

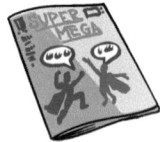

stripverhaal
....
la bande dessinée

legostenen

les pièces lego

speelgoedblokken

les blocs de construction

actiefiguurtje

la figurine

romper

la grenouillère

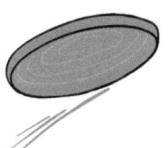

frisbee

le frisbee

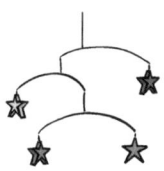

mobile

le mobile

bordspel

le jeu de société

dobbelsteen

le dé

modeltrein

le train miniature

speen

la sucette

feestje

la fête

prentenboek

le livre d'images

bal

la balle

pop

la poupée

spelen

jouer

zandbak

le bac à sable

schommel

la balançoire

speelgoed

les jouets

spelcomputer

la console de jeu

driewieler

le tricycle

teddybeer

l'ours en peluche

kleerkast

l'armoire

kleding
les vêtements

sokken

les chaussettes

kousen

les bas

panty

le collant

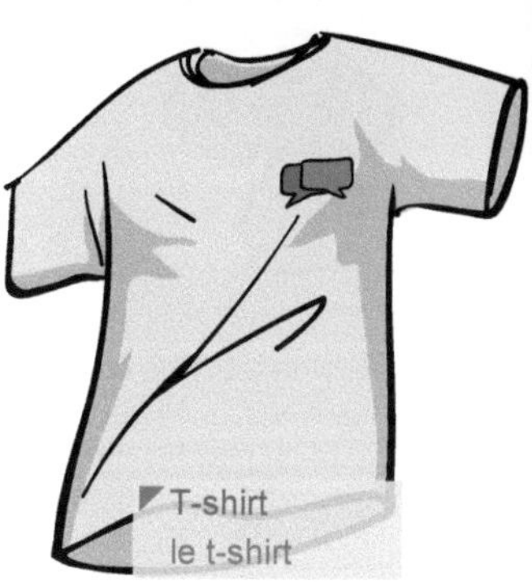

sjaal
l'écharpe

paraplu
le parapluie

riem
la ceinture

T-shirt
le t-shirt

laarzen
les bottes

pantoffels
les pantoufles

sportschoenen
les baskets

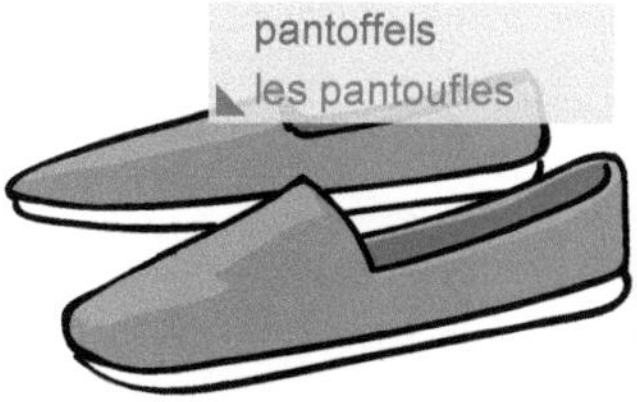

sandalen
les sandales

schoenen
les chaussures

rubberlaarzen
les bottes de caoutchouc

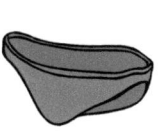

onderbroek
les sous-vêtements

beha
le soutien-gorge

onderhemd
le maillot de corps

kleding - les vêtements

body

le body

broek

le pantalon

spijkerbroek

le jean

rok

la jupe

blouse

le chemisier

overhemd

la chemise

trui

le pull

hoody

le sweat à capuche

blazer

la veste

jas

la veste

mantel

le manteau

regenjas

l'imperméable

kostuum

le costume

jurk

la robe

trouwjurk

la robe de mariée

pak
le costume

nachthemd
la chemise de nuit

pyjama
le pyjama

sari
le sari

hoofddoek
le foulard

tulband
le turban

boerka
la burqa

kaftan
le caftan

abaja
l'abaya

zwempak
le maillot de bain

zwembroek
le maillot de bain

korte broek
le short

trainingspak
a tenue d'entraînement

schort
le tablier

handschoenen
les gants

knoop

le bouton

bril

les lunettes

armband

le bracelet

ketting

le collier

ring

la bague

oorbel

la boucle d'oreille

pet

le bonnet

kledinghanger

le cintre

hoed

le chapeau

stropdas

la cravate

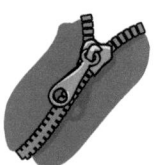

rits

la fermeture éclair

helm

le casque

bretels

les bretelles

schooluniform

l'uniforme scolaire

uniform

l'uniforme

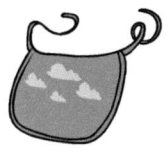

slabbetje

le bavoir

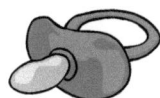

speen

la sucette

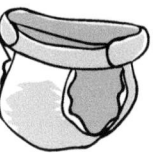

luier

la lange

kantoor

le bureau

server
le serveur
archiefkast
l'armoire d'archivage
printer
l'imprimante
papier
le papier
beeldscherm
l'écran
bureau
le bureau
muis
la souris
map
le classeur
toetsenbord
le clavier
prullenmand
la corbeille à papier
computer
l'ordinateur
stoel
la chaise

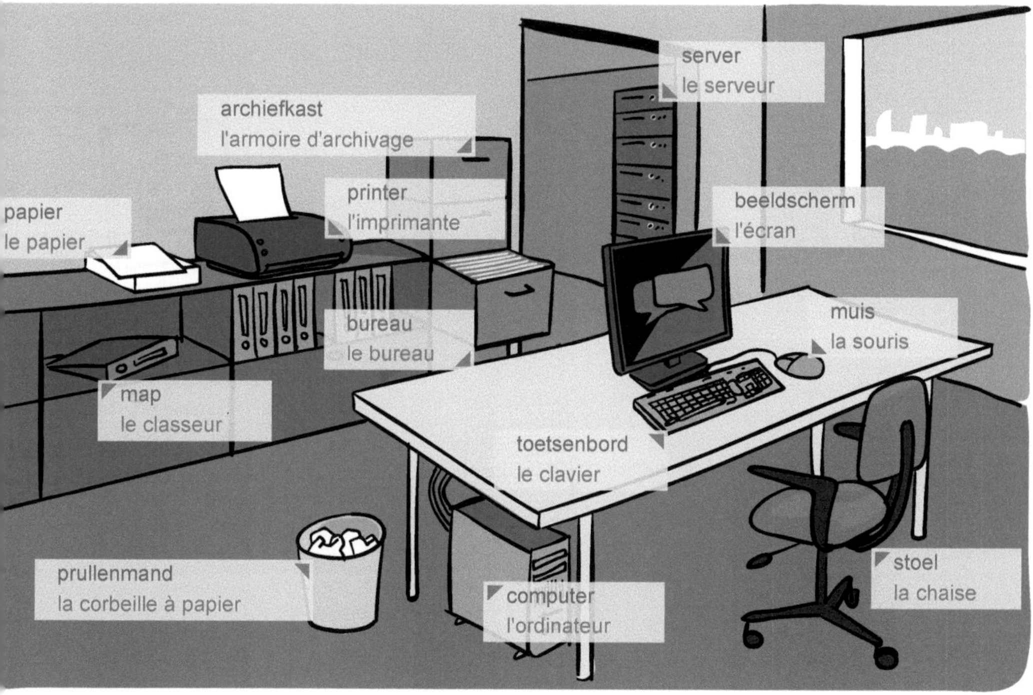

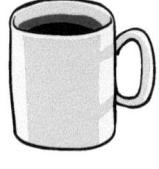

koffiemok

la tasse de café

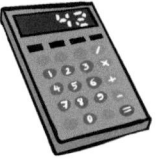

rekenmachine

la calculatrice

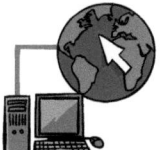

internet

l'internet

laptop

l'ordinateur portable

brief

la lettre

bericht

le message

mobiele telefoon

le portable

netwerk

le réseau

kopieermachine

la photocopieuse

software

le logiciel

telefoon

le téléphone

stopcontact

la prise

fax

le fax

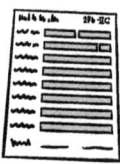

formulier

le formulaire

document

le document

kopen

acheter

betalen

payer

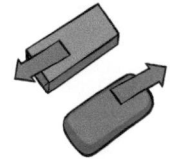

handel drijven

faire du commerce

geld

la monnaie

USD

dollar

le dollar

EUR

euro

l'euro

JPY

yen

le yen

RUB

roebel

le rouble

CHF

Zwitserse frank

le franc suisse

CNY

renminbi yuan

le renminbi yuan

INR

roepie

la roupie

geldautomaat

le distributeur automatique

wisselkantoor

le bureau de change

goud

l'or

zilver

l'argent

olie

le pétrole

energie

l'énergie

prijs

le prix

contract

le contrat

belasting

la taxe

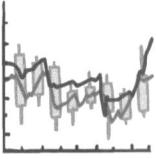

aandeel

l'action

werken

travailler

werknemer

l'employé

werkgever

l'employeur

fabriek

l'usine

winkel

le magasin

economie - l'économie

beroepen
les professions

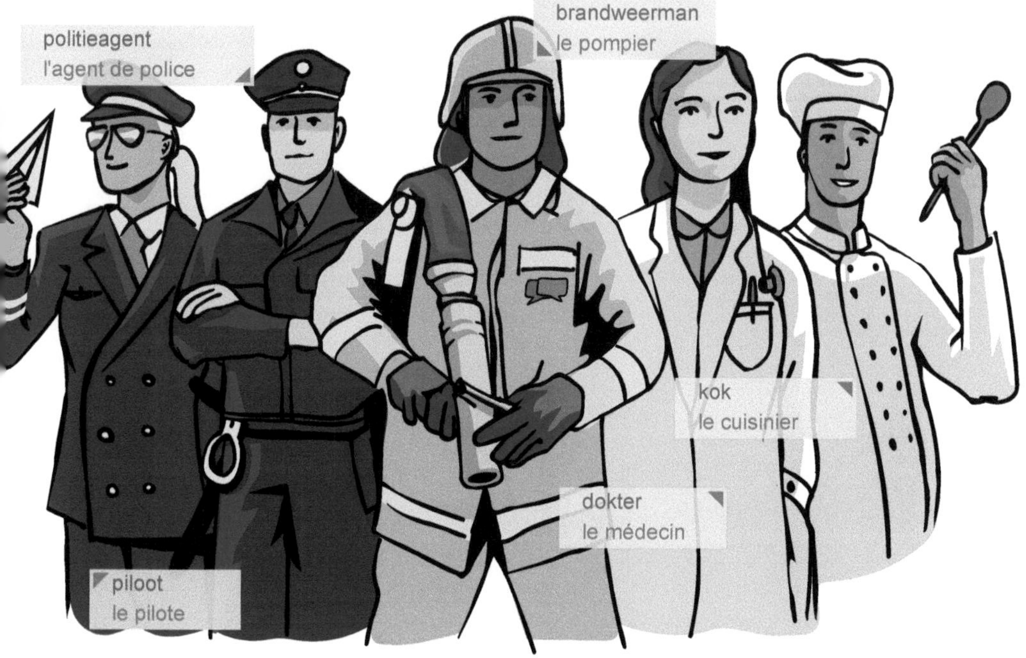
politieagent
l'agent de police
brandweerman
le pompier
kok
le cuisinier
dokter
le médecin
piloot
le pilote

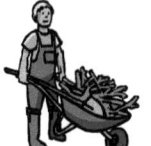

tuinman

le jardinier

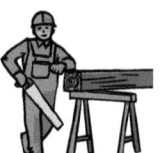

timmerman

le menuisier

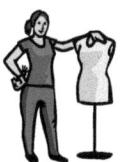

naaister

la couturière

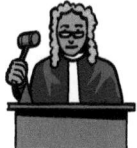

rechter

le juge

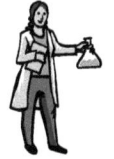

scheikundige

le chimiste

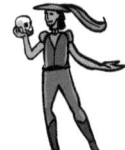

toneelspeler

l'acteur

buschauffeur

le conducteur de bus

taxichauffeur

le chauffeur de taxi

visser

le pêcheur

schoonmaakster

la femme de ménage

dakdekker

le couvreur

ober

le serveur

jager

le chasseur

schilder

le peintre

bakker

le boulanger

elektricien

l'électricien

bouwvakker

l'ouvrier

ingenieur

l'ingénieur

slager

le boucher

loodgieter

le plombier

postbode

le facteur

beroepen - les professions

soldaat

le soldat

architect

l'architecte

kassier

le caissier

bloemist

le fleuriste

kapper

le coiffeur

conducteur

le contrôleur

monteur

le mécanicien

kapitein

le capitaine

tandarts

le dentiste

wetenschapper

le scientifique

rabbi

le rabbin

imam

l'imam

monnik

le moine

pastoor

le prêtre

gereedschap
les outils

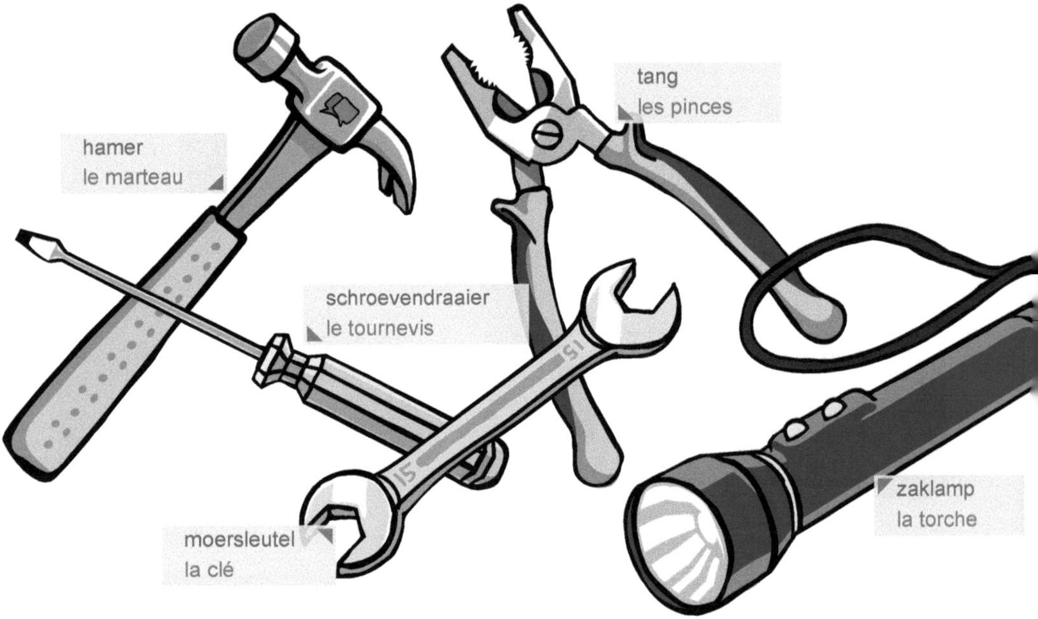
hamer
le marteau
tang
les pinces
schroevendraaier
le tournevis
moersleutel
la clé
zaklamp
la torche

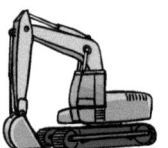

graafmachine

la pelleteuse

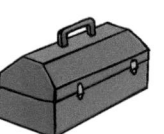

gereedschapskist

la boîte à outils

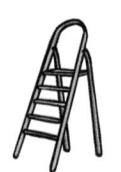

ladder

l'échelle

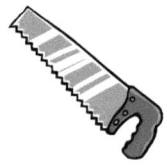

zaag

la scie

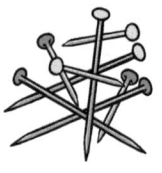

spijkers

les clous

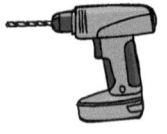

boor

la perceuse

repareren

réparer

schep

la pelle

Verdorie!

Mince !

stofblik

la pelle

verfpot

le pot de peinture

schroeven

les vis

muziekinstrumenten
les instruments de musique

luidspreker
le haut-parleurs

drumstel
la batterie

gitaar
la guitare

contrabas
la contrebasse

trompet
la trompette

piano

le piano

viool

le violon

bas

la basse

pauk

les timbales

trommel

le tambour

keyboard

le piano électrique

saxofoon

le saxophone

fluit

la flûte

microfoon

le microphone

tijger
le tigre

ingang
l'entrée

kooi
la cage

zebra
le zèbre

dierenvoer
l'alimentation animale

panda
le panda

dieren

les animaux

olifant

l'éléphant

kangoeroe

le kangourou

neushoorn

le rhinocéros

gorilla

le gorille

beer

l'ours

kameel

le chameau

struisvogel

l'autruche

leeuw

le lion

aap

le singe

flamingo

le flamand rose

papegaai

le perroquet

ijsbeer

l'ours polaire

pinguïn

le pingouin

haai

le requin

pauw

le paon

slang

le serpent

krokodil

le crocodile

dierenverzorger

le gardien de zoo

zeehond

le phoque

jaguar

le jaguar

pony

le poney

luipaard

le léopard

nijlpaard

l'hippopotame

giraffe

la girafe

adelaar

l'aigle

wild zwijn

le sanglier

vis

le poisson

schildpad

la tortue

walrus

le morse

vos

le renard

gazelle

la gazelle

American football
l'american Football

wielrennen
le cyclisme

tennis
le tennis

basketbal
le basket-ball

zwemmen
la natation

ijshockey
le hockey sur glace

boksen
la boxe

voetbal
le football

badminton
le badminton

atletiek
l'athlétisme

handbal
le handball

skiën
le ski

polo
le polo

activiteiten
les activités

springen
sauter
knuffelen
embrasser
lachen
rire
lopen
marcher
zingen
chanter
dromen
rêver
bidden
prier
kussen
faire la bise

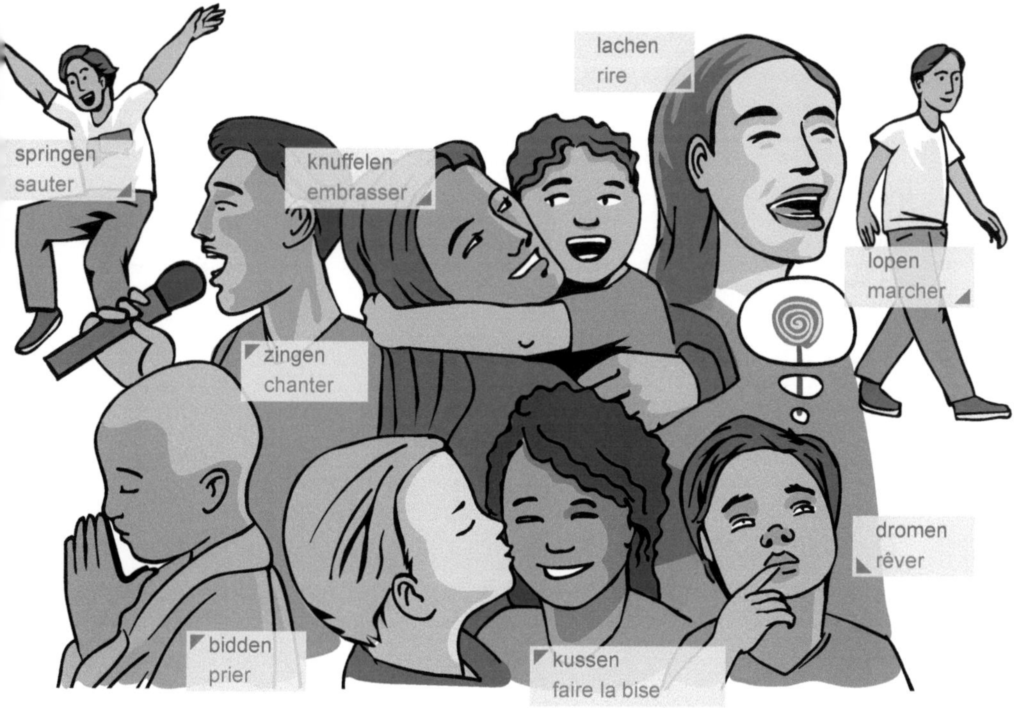

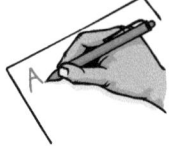

schrijven

écrire

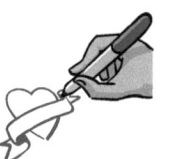

tekenen

dessiner

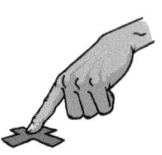

tonen

montrer

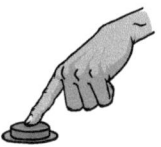

duwen

pousser

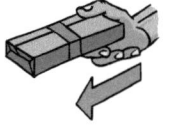

geven

donner

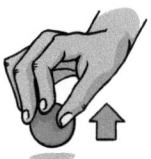

oppakken

prendre

hebben
avoir

doen
faire

zijn
être

staan
être debout

rennen
courir

trekken
trier

gooien
jeter

vallen
tomber

liggen
être couché

wachten
attendre

dragen
porter

zitten
être assis

aankleden
s'habiller

slapen
dormir

wakker worden
se réveiller

bekijken

regarder

huilen

pleurer

strelen

caresser

kammen

peigner

praten

parler

begrijpen

comprendre

vragen

demander

horen

écouter

drinken

boire

eten

manger

opruimen

ranger

houden van

aimer

koken

cuire

rijden

conduire

vliegen

voler

zeilen

faire de la voile

rekenen

calculer

lezen

lire

leren

apprendre

werken

travailler

trouwen

se marier

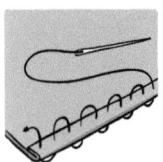

naaien

coudre

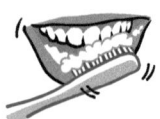

tandenpoetsen

brosser les dents

doden

tuer

roken

fumer

verzenden

envoyer

grootmoeder
grand-mère

grootvader
le grand-père

vader
le père

moeder
la mère

baby
le bébé

dochter
la fille

zoon
le fils

gast

l'hôte

tante

la tante

oom

l'oncle

broer

le frère

zus

la sœur

lichaam

le corps

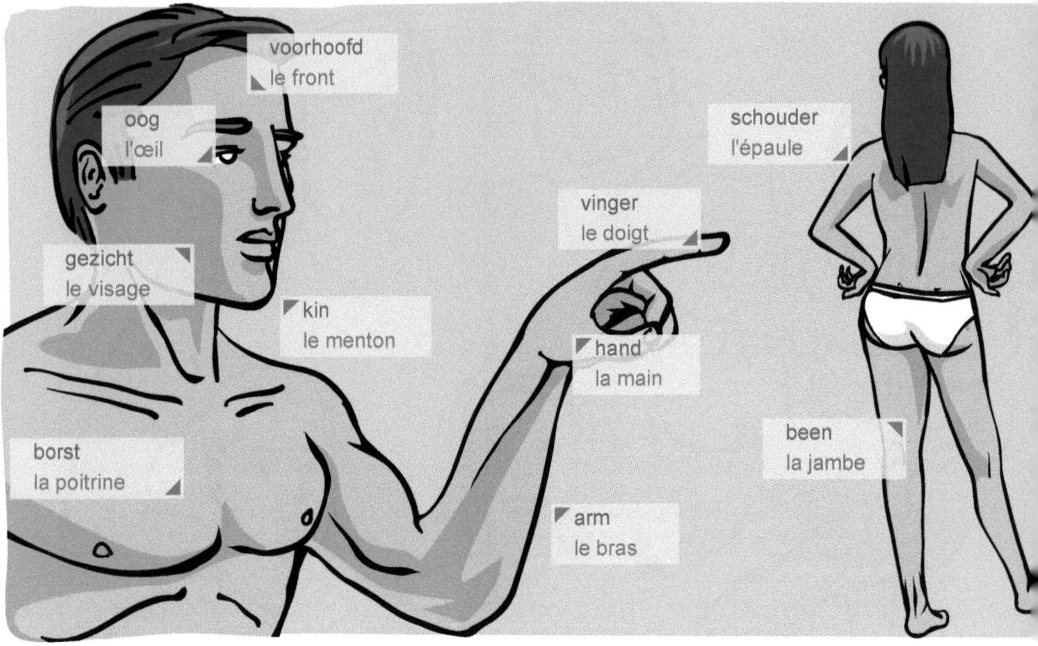

voorhoofd
le front

oog
l'œil

schouder
l'épaule

vinger
le doigt

gezicht
le visage

kin
le menton

hand
la main

been
la jambe

borst
la poitrine

arm
le bras

baby
le bébé

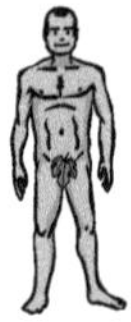

man
l'homme

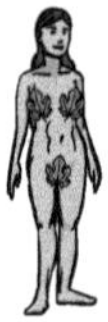

vrouw
la femme

meisje
la fille

jongen
le garçon

hoofd
la tête

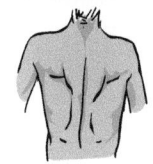

rug

le dos

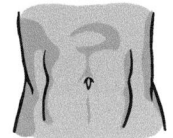

buik

le ventre

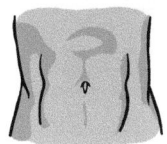

navel

le nombril

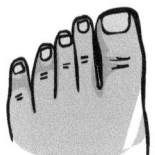

teen

l'orteil

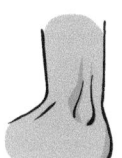

hiel

le talon

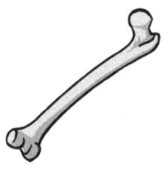

bot

l'os

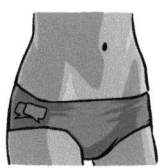

heup

la hanche

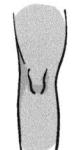

knie

le genou

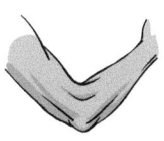

elleboog

le coude

neus

le nez

achterwerk

les fesses

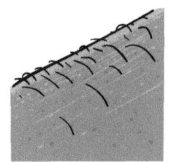

huid

la peau

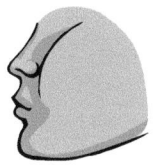

wang

la joue

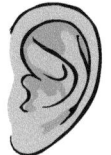

oor

l'oreille

lippen

la lèvre

mond
la bouche

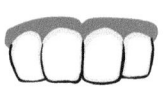

tand
la dent

tong
la langue

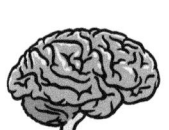

hersenen
le cerveau

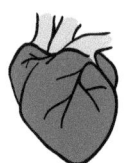

hart
le cœur

spier
le muscle

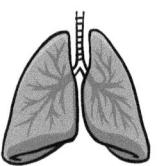

long
les poumons

lever
le foie

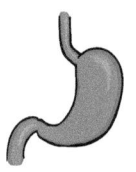

maag
l'estomac

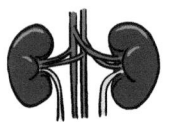

nieren
les reins

geslachtsgemeenschap
le rapport sexuel

condoom
le préservatif

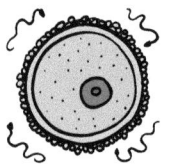

eicel
l'ovule

sperma
le sperme

zwangerschap
la grossesse

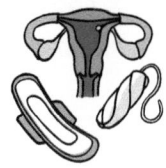

menstruatie

la menstruation

vagina

le vagin

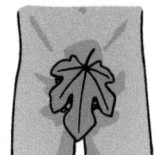

penis

le pénis

wenkbrauw

le sourcil

haar

les cheveux

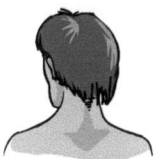

hals

le cou

ziekenhuis
l'hôpital

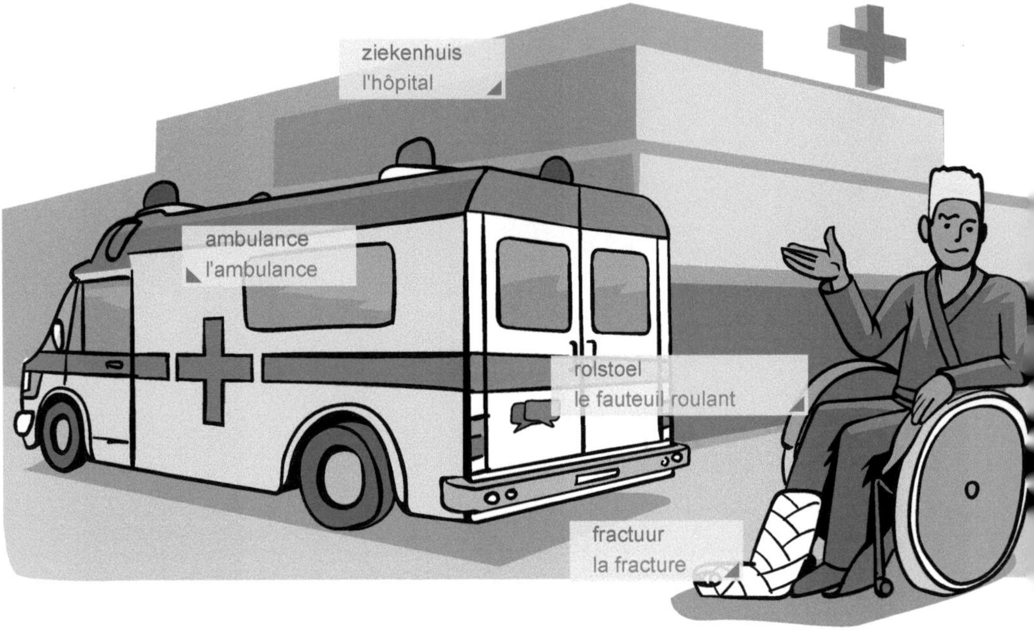

ziekenhuis
l'hôpital
ambulance
l'ambulance
rolstoel
le fauteuil roulant
fractuur
la fracture

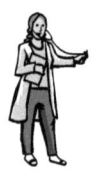

dokter

le médecin

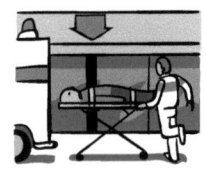

EHBO

le service des urgences

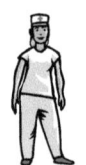

verpleegster

l'infirmière

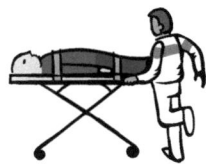

noodgeval

l'urgence

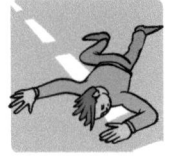

bewusteloos

inconscient

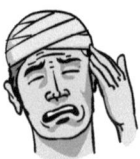

pijn

la douleur

verwonding

la blessure

bloeding

l'hémorragie

hartaanval

la crise cardiaque

beroerte

l'attaque cérébrale

allergie

l'allergie

hoest

la toux

koorts

la fièvre

griep

la grippe

diarree

la diarrhée

hoofdpijn

le mal de tête

kanker

le cancer

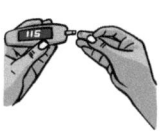

diabetes

le diabète

chirurg

le chirurgien

scalpel

le scalpel

operatie

l'opération

CT
....
le CT

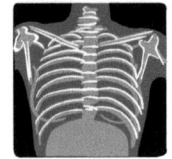

röntgen
....
la radiographie

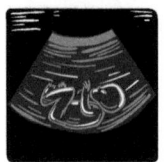

echografie
....
l'échographie

gezichtsmasker
....
le masque

ziekte
....
la maladie

wachtkamer
....
la salle d'attente

kruk
....
la béquille

pleister
....
le pansement

verband
....
le pansement

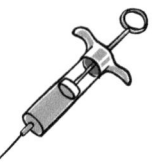

injectie
....
l'injection

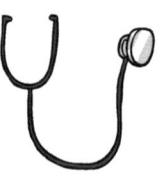

stethoscoop
....
le stéthoscope

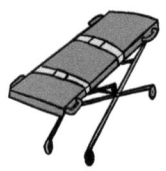

brancard
....
le brancard

thermometer
....
le thermomètre

geboorte
....
l'accouchement

overgewicht
....
la surcharge pondérale

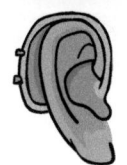

gehoorapparaat

l'appareil auditif

ontsmettingsmiddel

le désinfectant

infectie

l'infection

virus

le virus

HIV / AIDS

le VIH / le sida

medicijn

le médicament

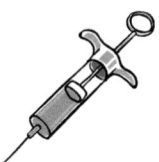

inenting

la vaccination

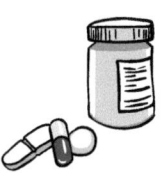

tabletten

les comprimés

pil

la pilule

alarmnummer

l'appel d'urgence

bloeddrukmeter

le tensiomètre

ziek / gezond

malade / sain

Help!

Au secours !

alarm

l'alarme

overval

l'assaut

aanval

l'attaque

gevaar

le danger

nooduitgang

la sortie de secours

Brand!

Au feu!

brandblusser

l'extincteur

ongeluk

l'accident

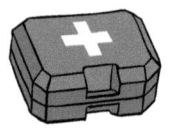

EHBO-koffer

la trousse de premier
secours

SOS

SOS

politie

la police

Europa

l'Europe

Noord-Amerika

l'Amérique du Nord

Zuid-Amerika

l'Amérique du Sud

Afrika

l'Afrique

Azië

l'Asie

Australië

l'Australie

Atlantische Oceaan

l'Océan atlantique

Stille Oceaan

l'Océan pacifique

Indische Oceaan

l'Océan indien

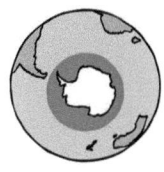

Zuidelijke Oceaan

l'Océan antarctique

Noordelijke IJszee

l'Océan arctique

Noordpool

le Pôle nord

Zuidpool

le Pôle sud

Antarctica

l'Antarctique

aarde

la terre

land

le pays

zee

la mer

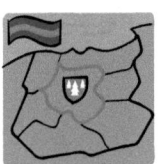

eiland

l'île

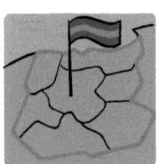

natie

la nation

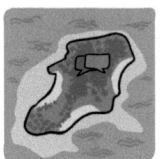

staat

l'état

wijzerplaat

le cadran

uurwijzer

l'aiguille des heures

minutenwijzer

l'aiguille des minutes

secondewijzer

l'aiguille des secondes

Hoe laat is het?

Quelle heure est-il ?

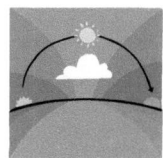

dag

le jour

tijd

le temps

nu

maintenant

digitaal horloge

la montre digitale

minuut

la minute

uur

l'heure

week
la semaine

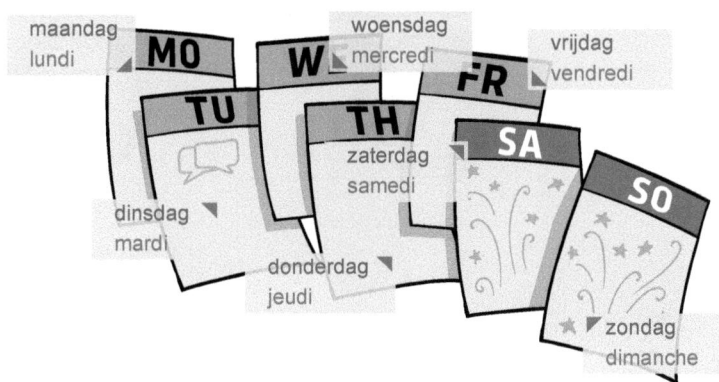

maandag / lundi — MO
dinsdag / mardi — TU
woensdag / mercredi — W
donderdag / jeudi — TH
vrijdag / vendredi — FR
zaterdag / samedi — SA
zondag / dimanche — SO

gisteren
hier

vandaag
aujourd'hui

morgen
demain

ochtend
le matin

middag
le midi

avond
le soir

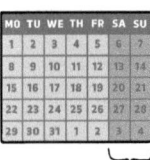

werkdagen
les jours ouvrables

weekend
le week-end

jaar
l'année

regen
la pluie
regenboog
l'arc-en-ciel
wind
le vent
sneeuw
la neige
voorjaar
le printemps
zomer
l'été
herfst
l'automne
winter
l'hiver

4.APRIL 11°
5.APRIL 4°
6.APRIL 13°
7.APRIL 8°
8.APRIL 10°

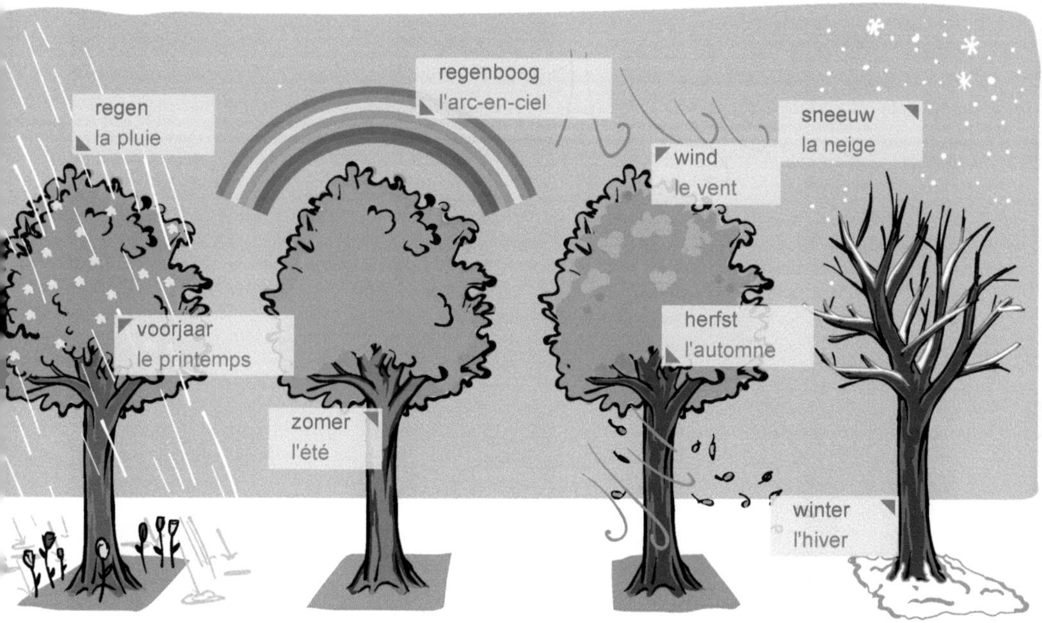

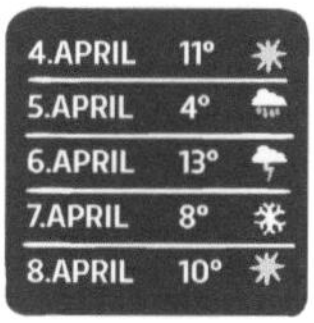

weerbericht

la météo

F C
120 40
90 30
60 20
30 10
0 0
-30 -10
-20

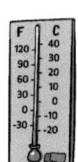

thermometer

le thermomètre

zonneschijn

la lumière du soleil

wolk

le nuage

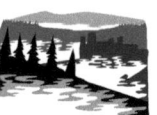

mist

le brouillard

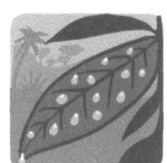

luchtvochtigheid

l'humidité

bliksem

la foudre

donder

la tonnerre

storm

la tempête

hagel

la grêle

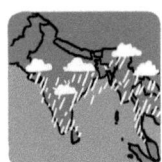

moesson

la mousson

overstroming

l'inondation

ijs

la glace

januari

janvier

februari

février

maart

mars

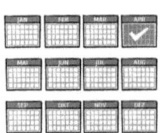

april

avril

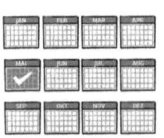

mei

mai

juni

juin

juli

juillet

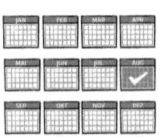

augustus

août

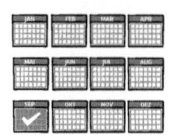

september
....
septembre

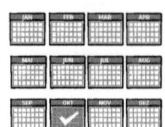

oktober
....
octobre

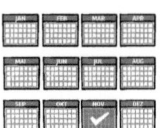

november
....
novembre

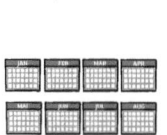

december
....
décembre

cirkel
....
le cercle

vierkant
....
le carré

rechthoek
....
le rectangle

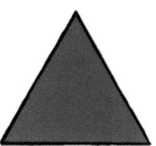

driehoek
....
le triangle

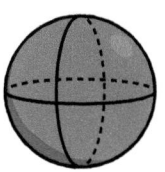

bol
....
la sphère

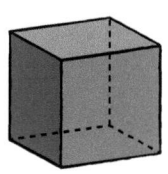

kubus
....
le cube

wit

blanc

geel

jaune

oranje

orange

roze

rose

rood

rouge

paars

violet

blauw

bleu

groen

vert

bruin

marron

grijs

gris

zwart

noir

veel / weinig

beaucoup / peu

boos / rustig

fâché / calme

mooi / lelijk

joli / laid

begin / einde

le début / la fin

groot / klein

grand / petit

licht / donker

clair / obscure

broer / zus

frère / soeur

schoon / vies

propre / sale

volledig / onvolledig

complet / incomplet

dag/ nacht

le jour / la nuit

dood / levend

mort / vivant

breed / smal

large / étroit

eetbaar / oneetbaar

comestible / incomestible

gemeen / aardig

méchant / gentil

opgewonden / verveeld

excité / ennuyé

dik / dun

gros / mince

eerste / laatste

le premier / le dernier

vriend / vijand

l'ami / l'ennemi

vol / leeg

plein / vide

hard / zacht

dur / souple

zwaar / licht

lourd / léger

honger / dorst

faim / soif

ziek / gezond

malade / sain

illegaal / legaal

illégal / légal

intelligent / dom

intelligent / stupide

links / rechts

gauche / droite

dichtbij / ver

proche / loin

tegenstellingen - les oppositions

nieuw / gebruikt

nouveau / usé

niets / iets

rien / quelque chose

oud / jong

vieux / jeune

aan / uit

marche / arrêt

open / gesloten

ouvert / fermé

zacht / luid

faible / fort

rijk / arm

riche / pauvre

goed / fout

correct / incorrect

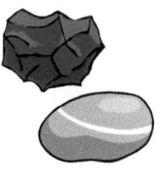

ruw / glad

rugueux / lisse

verdrietig / gelukkig

triste / heureux

kort / lang

court / long

langzaam / snel

lent / rapide

nat / droog

mouillé / sec

warm / koel

chaud / froid

oorlog / vrede

la guerre / la paix

getallen
les nombres

0

nul

zéro

1

één

un / une

2

twee

deux

3

drie

trois

4

vier

quatre

5

vijf

cinq

6

zes

six

7

zeven

sept

8

acht

huit

9

negen

neuf

10

tien

dix

11

elf

onze

12

twaalf

douze

13

dertien

treize

14

veertien

quatorze

15

vijftien

quinze

16

zestien

seize

17

zeventien

dix-sept

18

achttien

dix-huit

19

negentien

dix-neuf

20

twintig

vingt

100

honderd

cent

1.000

duizend

mille

1.000.000

miljoen

le million

Engels

l'anglais

Amerikaans Engels

l'anglais américain

Chinees Mandarijn

le chinois mandarin

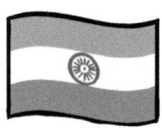

Hindi

le hindi

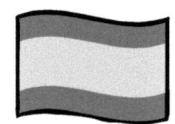

Spaans

l'espagnol

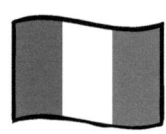

Frans

le français

Arabisch

l'arabe

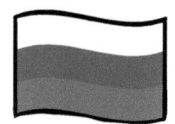

Russisch

le russe

Portugees

le portugais

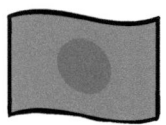

Bengalees

le bengali

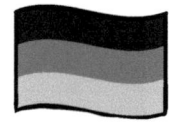

Duits

l'allemand

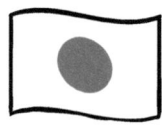

Japans

le japonais

ik
je

jij
tu

hij / zij / het
il / elle / ce, c', cela

wij
nous

jullie
vous

zij
ils / elles

wie?
Qui ?

wat?
Quoi ?

hoe?
Comment ?

waar?
Où ?

wanneer?
Quand ?

naam
le nom

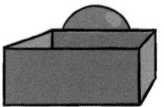

achter
....
derrière

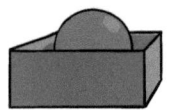

in
....
dans

voor
....
devant

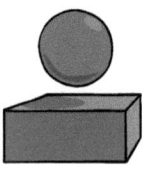

boven
....
au-dessus

op
....
sur

onder
....
en-dessous

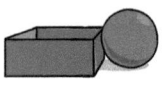

naast
....
à côté de

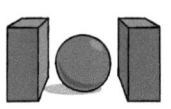

tussen
....
entre

plaats
....
le lieu